HAPPY

幸せのカタチを見つけるための111の言葉

presented by A-Works

Are You Happy?

キミが幸せになっても、誰も困らない。

リクルート『Bing』広告コピー

幸せってなんでしょうね、みなさん。
金ですか？　地位ですか？　名声ですか？
それがあれば幸せなんですか？

ザ・ブルーハーツ
『ドブネズミの詩』KADOKAWA

生きる限りは、歌いながら行こう。
道は、それだけ退屈でなくなる。

ウェルギリウス（古代ローマの詩人）

HAPPY
12

生きるということは
命の演奏だ
ジャカジャーン
じぶんにしかだせない音色で
すごい人生にしよう
空も　きいてるぜ
虎も　きいてるぜ
山も　きいてるぜ
あのこも　きいてるぜ
海も　きいてるぜ
うんちも　きいてるぜ
象も　きいてるぜ
友だちも　きいてるぜ
世界に　ひとつしかない　命だから
世界に　ひとつしかない　演奏をしてやろうぜ
一生は一曲だ
命ならしまくれ
一生は一曲だ
すげえ曲をめざせ
そして　しぬときが
演奏をおえるとき
すげえ曲になってたら最高！

三代目魚武濱田成夫（詩人）
詩「いのちのえんそうのお話」
絵本『三代目魚武濱田成夫の絵本』角川文庫

大切なのは、人生の長さではない。人生の深さだ。

ラルフ・ワルド・エマーソン（アメリカの哲学者・作家）

人は、幸せになろうと
心に決めた分だけ幸せになれる。

エイブラハム・リンカーン（第16代アメリカ合衆国大統領）

人間の幸福というのは、
滅多にやってこないような、
大きなチャンスではなく、
いつでもあるような、
小さな日常の積み重ねで生まれる。

ベンジャミン・フランクリン（アメリカの政治家）

愚か者は幸福がどこか遠くにあると思い込んでいる。
利口者は幸福を足元に育てる。

ジェームズ・オッペンハイム（アメリカの詩人）

楽しい顔で食べれば、
皿ひとつでも宴会だ。

アウレリウス・プルデンティウス・クレメンス（スペインの詩人）

幸福は、幸福の中にあるのではなく、
それを手に入れる過程の中にある。

フョードル・ドストエフスキー（ロシアの小説家・思想家）

人生はクローズアップで見れば悲劇だが、ロングショットで見れば喜劇だ。

チャールズ・チャップリン（イギリスの映画俳優・喜劇王）

金色に輝く他人の屋根よりも、
はてしなく開かれた大空を望もう。

アルマフェルテ（アルゼンチンの詩人）

雲の向こう側は、いつも青空だ。

ルイーザ・メイ・オルコット（アメリカの作家）

行動すれば、必ず幸せが訪れるとは限らない。
しかし、行動のないところに幸せは生まれない。

ベンジャミン・ディズレーリ（イギリスの政治家）

天使は自分を軽く考えているから飛べる。

ギルバート・キイス・チェスタトン（イギリスの作家）

ココロが震える方へ。
魂が喜ぶ方へ。

俺の人生はいつだってそうなんだ。

ワクワクの先にはきっと、
人生を変える何かが待っている。

宇佐美吉啓（EXILE USA）
『地球で踊ろう！DANCE EARTH 〜Change the World〜』A-Works

最初から真っ白のあの白と
消しゴムの跡だらけの白じゃ
キタナイ白の方がイカすのさ

10-FEET『風』

オモシロキ
コトモナキ世ヲ
オモシロク

高杉晋作（長州藩士）

自由が欲しい時は他人に頼んじゃいけないんだよ、
君が自由だと思えばもう君は自由なんだ

『イリュージョン』 著：リチャード・バック 訳：村上龍／集英社文庫

今の自分に疑問や不安を感じたら
それは、変化しなさいという心の声です。

葉祥明（画家・詩人・絵本作家）
『風にきいてごらん』大和書房

未来なんて
ちょっとしたはずみで
どんどん変わるから。

ドラえもん
『ドラえもん』藤子・F・不二雄／小学館

森の分かれ道では、
人の通らぬ道を選ぼう。
すべてが変わる。

ロバート・フロスト（アメリカの詩人）

予定どおりの行動など、そこで知る悦びはたかが知れている。
ほんとうの悦びは予定外の行動がもたらす。
行きずりの恋ほど胸に残るように。

森永博志(作家・編集者)
『アイランド・トリップ・ノート』A-Works

背伸びして視野をひろげているうち、
背が伸びてしまうということもあり得る。
それが人生のおもしろさである。

城山三郎（小説家）
『アメリカ生きがいの旅』文春文庫

船に乗っても、もう波が出やしないか、
嵐になりゃしないかしらん、それとも、
この船が沈没しやしないかしらんと、
船のことばかり考えていたら、
船旅の愉快さは何もなかろうじゃないか。
人生もまたしかりだよ。

中村天風(日本初のヨガ行者・天風会創設者)
『成功へ導く言葉』イースト・プレス

2種類の人間がいる。
やりたいことやっちゃう人と、やらない人。

やりたいことやってきたこの人生。
おかげで痛い目にもあってきた。
さんざん恥もかいてきた。
誰かの言うこと素直に聞いてりゃ、
今よりずっと楽だったかもしれない。

でもね、これだけは言える。
やりたいことやっちゃう人生のほうが、間違いなく面白い。
オレはこれからもやっちゃうよ。
あんたは、どうする？

矢沢永吉（歌手）
日産自動車株式会社 TVCF『"やっちゃえ" NISSAN宣言 矢沢篇』

高く登ろうと思うなら、自分の脚を使うことだ。

高い所へは、他人によって運ばれてはならない。
人の背中や頭に乗ってはならない。

フリードリヒ・ニーチェ（ドイツの哲学者）

1位と最下位との差なんて
大したことねーんだよ

ゴールすることと
しないことの差に比べりゃ

南波六太
『宇宙兄弟』小山宙哉／講談社

自分の足で立っている者は、決して孤立なんかしない。

ヘンリー・デイヴィッド・ソロー（アメリカの作家・思想家・詩人）

「すてきなひとりぼっち」

誰も知らない道をとおって
誰も知らない野原にくれば
太陽だけが俺の友達
そうだ俺には俺しかいない
俺はすてきなひとりぼっち

君の忘れた地図をたどって
君の忘れた港にくれば
アンドロメダが青く輝く
そうだ俺には俺しかいない
俺はすてきなひとりぼっち

みんな知ってる空を眺めて
みんな知ってる歌をうたう
だけど俺には俺しかいない
俺はすてきなひとりぼっち

谷川俊太郎（詩人）
『すてきなひとりぼっち』童話屋

自分ひとりで、石を持ち上げる気がなかったら、ふたりでも持ち上がらない。

ヨハン・ヴォルフガング・フォン・ゲーテ（ドイツの詩人・小説家・劇作家）

たとえ、どんなにそれが小さかろうと、
ぼくらが、自分たちの役割を認識したとき、
はじめてぼくらは、幸福になりうる

『人間の土地』著:サン・テクジュペリ 訳:堀口大學／新潮社

自分に何ができるかを知るより、
何ができないかを知ることのほうが重要よ。

ルシル・ボール（アメリカの喜劇女優）

「できること」が増えるより、
「楽しめること」が増えるのが、いい人生。

あらゆることに楽しみを見つけることは、
人間だけに許された生の醍醐味なのである。

斎藤茂太（精神科医）
『いい言葉は、いい人生をつくる』成美文庫

「ノー」と言うべき時に言えない人は、自分を不幸にする。

サミュエル・スマイルズ(イギリスの作家・医者)

人生はいたって単純。
競争なんて本当は存在しないし、
勝たなきゃいけないレースもない。

スーザン・サマーズ（アメリカの女優・作家）

世界で一番美しい色は、
自分に似合う色。

ココ・シャネル（フランスのファッションデザイナー・シャネル創業者）

うつくしいものに出会ったら、いっしょうけんめい見つめなさい。
見つめると、それが目ににじんで、ちゃあんと心にすみつくのよ。
そうすると、いつだって目のまえに見えるようになるわ。

『おかあさんの目』あまんきみこ／あかね書房

年をとったから遊ばなくなるのではない。
遊ばなくなるから年をとるのだ。

バーナード・ショー（アイルランドの劇作家）

無駄な一日。
それは笑いのない日である。

チャールズ・チャップリン（イギリスの映画俳優・喜劇王）

人間は角があると世の中を転がって行くのが骨が折れて損だよ。
丸いものはごろごろどこへでも苦なしに行けるが四角のものはころがるに骨が折れるばかりじゃない、転がるたびに角がすれて痛いものだ。

『我が輩は猫である』夏目漱石

一日だけ幸せでいたいなら、床屋に行け。

一週間だけ幸せでいたいなら、車を買え。

一ヶ月だけ幸せでいたいなら、結婚しろ。

一年だけ幸せでいたいなら、家を買え。

一生幸せでいたいなら、正直でいることだ。

西洋のことわざ

雨降らば雨もよし、風吹かば風もよし、
それに適従し、それを楽しむ自分を常に作り上げる。

吉川英治（小説家）

人が踊る時は
一緒に踊れ。

ドイツのことわざ

幸福は小鳥のようにつかまえておくがいい。
できるだけそっと、ゆるやかに。

小鳥は自分が自由だと思い込んでさえいれば、
喜んで手の中にとどまっているだろう。

フリードリヒ・ヘッベル（ドイツの劇作家・詩人・小説家）

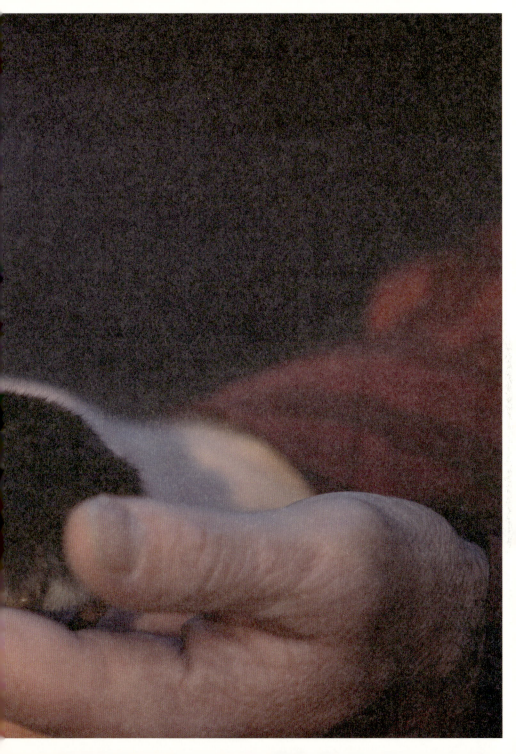

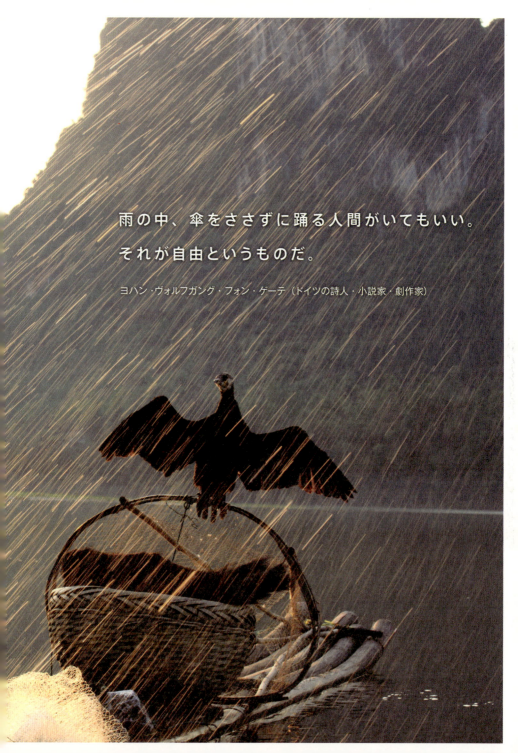

雨の中、傘をささずに踊る人間がいてもいい。
それが自由というものだ。

ヨハン・ヴォルフガング・フォン・ゲーテ（ドイツの詩人・小説家・劇作家）

楽観は、自分だけでなく他人も明るくする。

ユダヤのことわざ

HAPPY
100

何も言わんでも　ええねん
何もせんでも　ええねん
笑いとばせば　ええねん
好きにするのが　ええねん
感じるだけで　ええねん
気持ちよければ　ええねん
それでええねん　それでええねん

ウルフルズ『ええねん』

「飛べないときはゆっくり休めばいいじゃん。
仕方ないよ、飛べないんだからさ」
「どうせ飛べないんなら、心配するより休んだほうがいいよ」

コジコジ
RMC『コジコジ』さくらももこ／集英社

人生という試合で最も重要なのは、
休憩時間の得点である。

ナポレオン・ボナパルト（フランスの皇帝）

思い通りにならないこともあるのが、
しあわせに暮らすための必須条件

『ひらいて』綿矢りさ／新潮社

つまずきは、
転落を防いでくれる。

イギリスのことわざ

すべての不幸は
未来への踏み台にすぎない。

ヘンリー・デイヴィッド・ソロー（アメリカの作家・思想家・詩人）

困るということは、
次の新しい世界を発見する扉である。

トーマス・エジソン（アメリカの発明家）

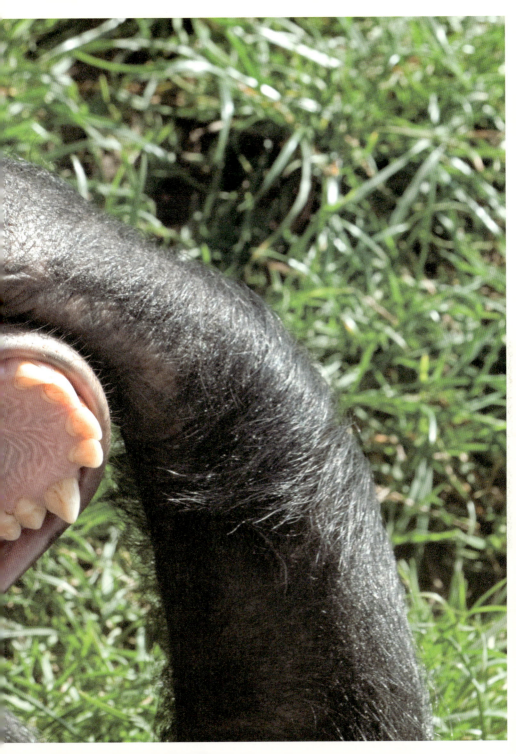

勇気とは、不安に打ち克つことではない。
不安に向かっていくことだ。

マーク・トウェイン（アメリカの小説家）

ときには踏みならされた道からはずれて、
森の中に踏み込んでみるといいでしょう。
そうすれば、今まで見たこともないものが
発見できるに違いありません。

グラハム・ベル（スコットランドの発明家）

方向音痴にも道はある。

須田誠(写真家)
『NO TRAVEL, NO LIFE』A-Works

考えれば考えるほど
見よう見ようと目を凝らすほど
答えは見えなくなる

見つめても見えないなら
目を閉じよ

どうじゃ
お前は無限じゃろう?

柳生石舟斎
『バガボンド』井上雄彦／講談社

「知る」ことは「感じる」ことの半分も重要ではない

レイチェル・カーソン（アメリカの海洋生物学者・作家）
『センス・オブ・ワンダー』訳：上遠恵子／新潮社

いくつになってもわからないのが人生というものである。
世の中というものである。
それなら手さぐりで歩むほか道はあるまい。
わからない人生を、
わかったようなつもりで歩むことほど危険なことはない。

松下幸之助（実業家・パナソニック創業者）
『道をひらく』PHP 研究所

どうにもならないことは、忘れることが幸福だ。

ドイツのことわざ

お前にとって丁度よい
地獄に行こうと極楽に行こうと
行ったところが丁度よい
うぬぼれる要もなく卑下する要もない
上もなければ下もない
死ぬ月日さえも丁度よい
仏様と二人連の人生
丁度よくないはずがない
丁度よいのだと聞こえた時
憶念の信が生まれます
南無阿弥陀仏

藤場美津路（石川県・大谷派常讃寺元坊守）

仏様の言葉

お前はお前で丁度よい
顔も身体も名前も姓も
お前にそれは丁度よい
貧も富も親も子も
息子の嫁もその孫も
それはお前に丁度よい
幸も不幸もよろこびも
悲しみさえも丁度よい
歩いたお前の人生は
悪くもなければ良くもない

濡れている者は雨を恐れない。
裸の者は盗賊を恐れない。

ロシアのことわざ

寒さに震える者ほど、太陽を暖かく感じる。
人生の悩みをくぐった者ほど、生命の尊さを知る。

ウォルト・ホイットマン（アメリカの詩人）

人生とは嵐が過ぎ去るのを待つことではなく、雨の中で、どんな風にダンスをするかを学ぶこと。

ヴィヴィアン・グリーン（アメリカの歌手）

自分の内なるものも外なるものも、
見ているものを変える必要はない。
ただ見方を変えればいいのだ。

タデウス・ゴラス（アメリカの作家）

二人の囚人が鉄格子の窓から外を眺めた。
一人は泥を見た。
一人は星を見た。

フレデリック・ラングブリッジ（アイルランドの作家）
『不滅の詩』

ある人たちにとっては幸福なことが、
他の人たちにとっては不幸なのだ。

レイモン・ラディゲ（フランスの小説家・詩人）

他人の考えに溺れて、自分の内なる声がかき消されないように。何より大切なのは、自分の心と直感に従う勇気を持つことだ。自分が本当は何をしたいのか？心や直感は、もう知っているはず。他のことは二の次で構わない。

スティーブ・ジョブズ（アメリカの実業家・アップル設立者）アメリカ・スタンフォード大学卒業式でのスピーチ（2005年6月）より

やりたいものに自分の心をかける、
その度合いが満足なり、
感激になるのじゃないかと思うんです。

植村直己(登山家・冒険家)
『植村直己、挑戦を語る』文藝春秋編／文春新書

虹を見て 思ひ思ひに 美しき

高浜虚子（俳人・小説家）

自分トフタリッキリデ暮ラスノダ

自分ノパンツハ自分デ洗ウノダ

自分ハ自分ヲ尊敬シテイルカラ

ソレクライナンデモナイノダ

自分ガニコニコスレバ

自分モ嬉シクナッテニコニコスルノダ

自分ガ怒ルト自分ハコワクナルノデ

スグニ自分ト仲直リスルノダ

自分ハトッテモ傷ツキヤスイカラ

自分ハ自分ニ優シクスルノダ

自分ノ言ウコトサエキイテイレバ

自分ハ自分ヲ失ウコトハナイ

自分ハ自分ガ好キデ好キデタマラナイ

自分ノタメナラ生命モ惜シクナイ

ソレホド自分ハスバラシイノダ

谷川俊太郎（詩人）
『谷川俊太郎エトセテラ リミックス』いそっぷ社

敵をつくれない者は、
味方もつくれない。

アルフレッド・テニスン（イギリスの詩人）

しっかり向き合わないと見えてこないもの。
チラ見じゃダメなんだよ。
ガン見しなくちゃ感じとれないものなんだよ。

若旦那（ミュージシャン）
『命の応援歌』A-Works

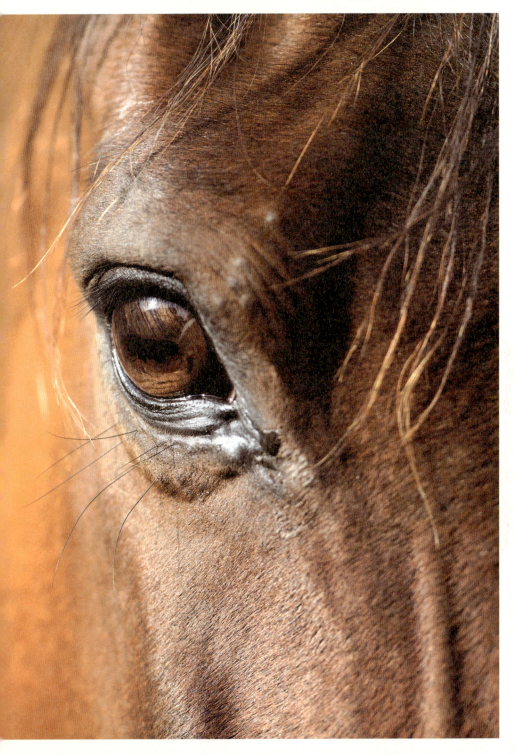

丸くなるな、

『サッポロ生ビール黒ラベル』CM コピー

星になれ。

楽しいから笑うのではない。
笑うから楽しいのだ。

ウィリアム・ジェームズ（アメリカの哲学者）

幸福は香水のようなものである。
人に振りかけると自分にも必ずかかる。

ラルフ・ワルド・エマーソン（アメリカの思想家・哲学者・作家）

愛されることは幸福ではない。
愛することこそ幸福なのだ。

ヘルマン・ヘッセ（ドイツの作家）

幸福というものは、
ひとりでは決して味わえないものです。

アレクセイ・アルブーゾフ（ロシアの戯曲家）

国王であれ、農民であれ、
家庭に平和を見いだせる者が、
もっとも幸福な人間である。

ヨハン・ヴォルフガング・フォン・ゲーテ
(ドイツの詩人・小説家・劇作家)

多くの女性を愛した人間よりも、
たったひとりの女性だけを愛した人間の方が、
はるかに深く女というものを知っている。

レフ・トルストイ（ロシアの作家）

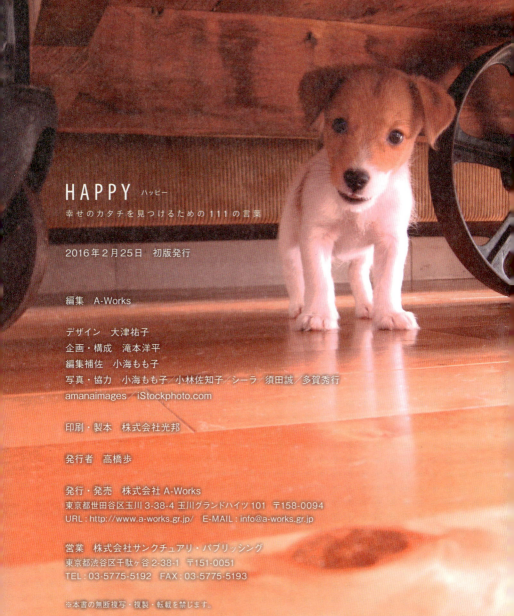

HAPPY ハッピー
幸せのカタチを見つけるための111の言葉

2016年2月25日 初版発行

編集　A-Works

デザイン　大津祐子
企画・構成　滝本洋平
編集補佐　小海もも子
写真・協力　小海もも子／小林佐知子／シーラ／須田誠／多賀秀行
amanaimages　iStockphoto.com

印刷・製本　株式会社光邦

発行者　高橋歩

発行・発売　株式会社 A-Works
東京都世田谷区玉川 3-38-4 玉川グランドハイツ 101　〒158-0094
URL：http://www.a-works.gr.jp/　E-MAIL：info@a-works.gr.jp

営業　株式会社サンクチュアリ・パブリッシング
東京都渋谷区千駄ヶ谷 2-38-1　〒151-0051
TEL：03-5775-5192　FAX：03-5775-5193

※本書の無断複写・複製・転載を禁じます。

ISBN978-4-902256-69-7
日本音楽著作権協会（出）許諾第1600939-601号

PRINTED IN JAPAN
乱丁、落丁本は送料小社負担にてお取り替えいたします。

P174-175 ウッドチャック（グラウンドホッグ）©iStockphoto.com/Little_Things	『成功へ導く言葉』中村天風／イースト・プレス
P176-177 ヒグマ ©iStockphoto.com/ricochet64	『宇宙兄弟』小山宙哉／講談社
P178-179 チーター ©iStockphoto.com/sirius_r	『すてきなひとりぼっち』谷川俊太郎／童話屋
P180-181 ウマ ©iStockphoto.com/gadagj	『人間の土地』著：サン・テクジュペリ 訳：堀口大學／新潮社
P182-183 アフリカゾウ ©iStockphoto.com/WLDavies	『いい言葉は、いい人生をつくる』斎藤茂太／成美堂出版
P184-185 ジャイアントパンダ ©iStockphoto.com/JohanSjolander	『おかあさんの目』あまんきみこ／あかね書房
P186-187 サル（シルバーマーモセット）©iStockphoto.com/PaulMaguire	『コジコジ』さくらももこ／集英社
P188-189 ハベリナ ©iStockphoto.com/Juan_Algar	『ひらいて』綿矢りさ／新潮社
P190-191 ネコ（チャトラネコ）©iStockphoto.com/NI QIN	『NO TRAVEL, NO LIFE』須田誠／A-Works
P192-193 ヌー ©iStockphoto.com/1001slide	『バガボンド』井上雄彦／講談社
P194-195 フェレット ©iStockphoto.com/stephanmorris	『センス・オブ・ワンダー』著：レイチェル・カーソン 訳：上遠恵子／新潮社
P196-197 クロサイ ©iStockphoto.com/stefanoborsani	『道をひらく』松下幸之助／PHP研究所
P198-199 アザラシ ©iStockphoto.com/peppi18	『植村直己、挑戦を語る』文藝春秋編／文春新書
P200-201 マントヒヒ ©iStockphoto.com/miroslav_1	『谷川俊太郎エトセテラ リミックス』谷川俊太郎／いそっぷ社
P202-203 ウッドチャック（グラウンドホッグ）©iStockphoto.com/4FR	『命の応援歌』若旦那／A-Works
P204-205 トラ ©iStockphoto.com/Fly_dragonfly	『人生学校』宇野千代／集英社文庫
P206-207 ハシビロコウ ©iStockphoto.com/Guenter Guni	『マザー・テレサ 日々の言葉』著：マザー・テレサ 訳：いなますみかこ／女子パウロ会
P208-209 カメ ©iStockphoto.com/Lenar Musin	『フジ子・ヘミングの「魂のことば」』フジ子・ヘミング／清流出版
P210-211 白クジャク（インドクジャクの白色変種）©iStockphoto.com/marioaguilar	『メメント・モリ』藤原新也／三五館
P212-213 コトリ ©iStockphoto.com/photoncatcher	『掌の小説』川端康成／新潮文庫
P214-215 カバ ©iStockphoto.com/HenkBentlage	『金子みすゞ童謡集 わたしと小鳥とすずと』金子みすゞ／JULA出版局
P216-217 オランウータン、チンパンジー ©iStockphoto.com/kevdog818	『横山健 随感随筆編』横山健／育鵬社
P218-219 イヌ（シャーペイ）©iStockphoto.com/Kais Tolmats	
P220-221 ワシ ©iStockphoto.com/photoncatcher	株式会社リクルートホールディングス
P222-223 キツネ ©iStockphoto.com/Enjoylife2	株式会社 LDH
P224-225 ホッキョクグマ ©iStockphoto.com/MizC	株式会社 BADASS
P226-227 シロイルカ（ベルーガ）、アザラシ ©iStockphoto.com/Vizerskaya	株式会社藤子・F・不二雄プロ
P228-229 ホッキョクグマ ©iStockphoto.com/AndreAnita	株式会社さくらプロダクション
P232（奥付）イヌ（ジャックラッセルテリア）©Yuko Otsu	日産自動車株式会社
	公益社団法人日本文藝家協会

出典・参考文献・協力一覧

本書に収められている言葉の一部は、書籍・雑誌等より紹介させていただきました。
掲載を承認していただいた方々に、心より感謝いたします。

編集部

『よつばと！』あずまきよひこ／KADOKAWA アスキー・メディアワークス	株式会社タイスケ
『ドブネズミの詩』ザ・ブルーハーツ／株式会社 KADOKAWA	日本アニメーション株式会社
『地球で踊ろう! DANCE EARTH ～Change the World～』宇佐美吉啓（EXILE USA）／A-Works	JT（日本たばこ産業株式会社）
『イリュージョン』著：リチャード・バック 訳：村上龍／集英社文庫	株式会社日本ビジュアル著作権協会
『風にきいてごらん』葉祥明／大和書房	株式会社 PHP 研究所
『ドラえもん』藤子・F・不二雄／小学館	有限会社アイティープランニング
『アイランド・トリップ・ノート』森永博志／A-Works	真宗大谷派常讃寺
『アメリカ生きがいの旅』城山三郎／文春文庫	植村冒険館
	サッポロビール株式会社
	BAT（ブリティッシュ・アメリカン・タバコ・ジャパン合同会社）
	川端康成記念会
	金子みすゞ著作保存会
	PIZZA OF DEATH RECORDS
	一般社団法人日本音楽著作権協会 JASRAC 出 1600939-601

Photo Credit information

Cover (表1) ホッキョクグマ ©Kennan Ward/CORBIS/amanaimages
Cover (表4) アフリカゾウ ©iStockphoto.com/abadonian
P02-03 ホッキョクグマ ©iStockphoto.com/UrmasPhotoCom
P04-05 イヌ (秋田犬) ©小海もも子
P06-07 フェネック ©iStockphoto.com/Alphotographic
P08-09 ウシ ©iStockphoto.com/Bosca78
P10-11 ラクダ ©iStockphoto.com/oatmeal2000
P12-13 トラ ©iStockphoto.com/Денис Циомашко
P14-15 アルパカ ©iStockphoto.com/nautilus_shell_studios
P16-17 ロバ ©iStockphoto.com/byebye_birdie
P18-19 サル (コモンラングール) ©iStockphoto.com/jamenpercy
P20-21 ミーアキャット ©iStockphoto.com/EcoPic
P22-23 イヌ (柴犬) ©iStockphoto.com/Segmed87ru
P24-25 シマウマ ©iStockphoto.com/narvikk
P26-27 ネコ (キジトラネコ) ©iStockphoto.com/sdominick
P28-29 ヒツジ ©iStockphoto.com/Enjoylife2
P30-31 ネコ (カラカル) ©iStockphoto.com/Frank Leung
P32-33 アナウサギ ©iStockphoto.com/itsjustluck
P34-35 シマナガエ ©iStockphoto.com/indukas
P36-37 ベローシファカ ©iStockphoto.com/hlansdown
P38-39 オオカミ ©iStockphoto.com/Kenneth Canning
P40-41 カンガルー ©iStockphoto.com/Smileus
P42-43 イノシシ ©iStockphoto.com/Jevtic
P44-45 ウシ (ハイランド・キャトル) ©iStockphoto.com/jethick
P46-47 ネコ (トラネコ) ©iStockphoto.com/narcisa
P48-49 モグラ ©iStockphoto.com/Tramper2
P50-51 ホッキョクギツネ ©iStockphoto.com/DmitryND
P52-53 キリン ©iStockphoto.com/Lifesizelmages
P54-55 ヤギ ©iStockphoto.com/traveler1116
P56-57 ライオン ©iStockphoto.com/MEF13
P58-59 シロイワヤギ (マウンテンゴート) ©iStockphoto.com/htrnr
P60-61 ウサギ、ゾウガメ ©iStockphoto.com/RebeccaBloomPhoto
P62-63 イヌ (ブルドッグ) ©iStockphoto.com/WilleeCole
P64-65 リス ©iStockphoto.com/Dannyknight
P66-67 アフリカゾウ ©iStockphoto.com/RayPics
P68-69 スズメ ©iStockphoto.com/JZHunt
P70-71 ネコ (エキゾチックショートヘア) ©シーラ
P72-73 キツネ ©iStockphoto.com/indukas
P74-75 ブタ ©iStockphoto.com/Oktay Ortakcioglu
P76-77 カピバラ ©iStockphoto.com/LeeTorrens
P78-79 カメレオン ©iStockphoto.com/SaraBerdon
P80-81 ラッコ ©iStockphoto.com/Juan Garcia Aunión
P82-83 ゴリラ ©iStockphoto.com/Enjoylife2
P84-85 シカ ©iStockphoto.com/KevinDyer

P86-87 ハリネズミ ©iStockphoto.com/lorenzo104
P88-89 カバ ©iStockphoto.com/pjmalsbury
P90-91 ナキウサギ ©iStockphoto.com/David Parsons
P92-93 タンチョウヅル ©iStockphoto.com/AndreAnita
P94-95 コトリ ©iStockphoto.com/svetkor
P96-97 トリ (アオメウ) ©iStockphoto.com/BIHAIBO
P98-99 ナマケモノ ©iStockphoto.com/webguzs
P100-101 ロバ ©iStockphoto.com/4bPhoto
P102-103 コウテイペンギン ©iStockphoto.com/KeithSzafranski
P104-105 ニホンザル ©iStockphoto.com/kata716
P106-107 ヒグマ ©iStockphoto.com/Justin Horrocks
P108-109 ミーアキャット ©iStockphoto.com/jarino47
P110-111 レッサーパンダ ©iStockphoto.com/Dirk Freder
P112-113 ジェンツーペンギン ©iStockphoto.com/oversnap
P114-115 メンフクロウ ©iStockphoto.com/ShaunWilkinson
P116-117 チンパンジー ©iStockphoto.com/fotoclick
P118-119 イヌ ©多賀秀行
P120-121 アメリカクロクマ ©iStockphoto.com/LifeJourneys
P122-123 カンガルー ©小林佐知子
P124-125 ライオン ©iStockphoto.com/Kolarski
P126-127 チンパンジー ©iStockphoto.com/stanciuc
P128-129 オポッサム ©iStockphoto.com/stanley45
P130-131 シマウマ ©iStockphoto.com/shalamov
P132-133 アザラシ ©iStockphoto.com/andy2673
P134-135 オランウータン ©iStockphoto.com/Josef Friedhuber
P136-137 クジラ ©iStockphoto.com/MarineMan
P138-139 イヌ ©小海もも子
P140-141 インパラ ©iStockphoto.com/anurakpong
P142-143 ハイエナ ©iStockphoto.com/EcoPic
P144-145 ヤギ ©iStockphoto.com/SimonSkafar
P146-147 イヌ (ブルマスティフ) ©iStockphoto.com/shaunl
P148-149 コヨーテ ©iStockphoto.com/JohnPitcher
P150-151 ミーアキャット ©iStockphoto.com/PABimages
P152-153 ヒツジ ©iStockphoto.com/alexeys
P154-155 アライグマ ©iStockphoto.com/olga_gl
P156-157 プレーリードッグ ©iStockphoto.com/Davidagall
P158-159 ウマ ©iStockphoto.com/Alexia_Khrushcheva
P160-161 サメ ©iStockphoto.com/4X-image
P162-163 イルカ ©iStockphoto.com/twygg
P164-165 イヌ ©iStockphoto.com/Christian Mueller
P166-167 イヌ (ゴールデンリトリバー)、ネコ (チャトラネコ) ©iStockphoto.com/bluecinema
P168-169 ライオン ©iStockphoto.com/SerhatDemiroglu
P170-171 コウテイペンギン ©iStockphoto.com/KeithSzafranski
P172-173 ハクチョウ ©iStockphoto.com/thumb

自分なりの幸せのカタチを。
STAY HAPPY

幸せは、「あるか、ないか」ではなく、
「感じるか、感じないか」。

幸せは、なるものではなく、感じるものだ。

幸せを数えたら、あなたはすぐ幸せになれる。

アルトゥル・ショーペンハウアー（ドイツの哲学者）

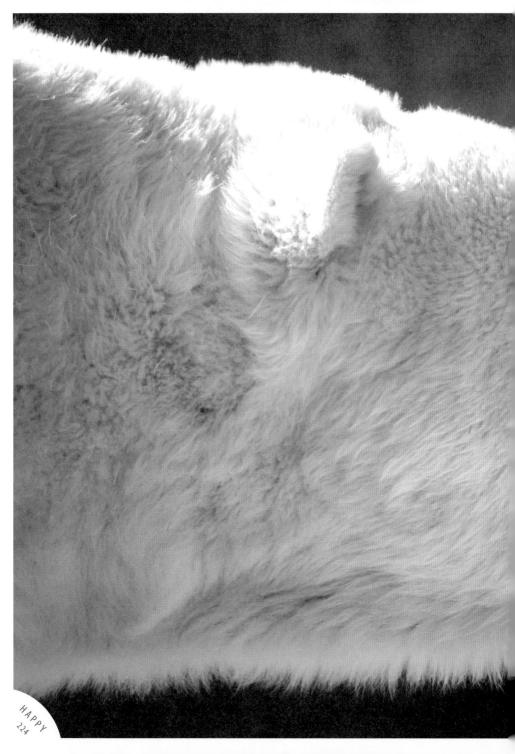

人はその考え次第で幸福にもなり、不幸にもなる。
他人が見てそう思う人ではなく、
自分でそう思う人が幸福なのである。

ミシェル・ド・モンテーニュ（フランスの哲学者・モラリスト）

自分を信じないで
誰のための人生なんだ

横山健(ミュージシャン)
『横山健 随感随筆編』育鵬社

幸せを手に入れるんじゃない。
幸せを感じることのできる心を手に入れるんじゃ。

ザ・ブルーハーツ
『ドブネズミの詩』KADOKAWA

自分の幸せに気がついていないことが、何よりも不幸なのです。

ネイティブ・アメリカンの言葉

世の中には幸も不幸もない。
ただ、考え方でどうにでもなるのだ。

ウィリアム・シェイクスピア（イングランドの劇作家・詩人）

「わたしと小鳥とすずと」

わたしが両手をひろげても、
お空はちっともとべないが、
とべる小鳥はわたしのように、
地面(じべた)をはやくは走れない。

わたしがからだをゆすっても、
きれいな音はでないけど、
あの鳴るすずはわたしのように
たくさんなうたは知らないよ。

すずと、小鳥と、それからわたし、
みんなちがって、みんないい。

金子みすゞ（童謡詩人）
『金子みすゞ童謡集　わたしと小鳥とすずと』JULA出版局

永久の未完成
これ完成である

宮沢賢治（作家）
『農民芸術概論綱要』

死ぬまで、一生懸命、生きよう。
幸せは、いつも、一生懸命の中にある。

高橋歩（自由人・作家）

幸福とは、
考えること、言うこと、することが
調和している状態である。

マハトマ・ガンジー（インドの非暴力運動の指導者・政治家）

いつの日か しあわせになりたい。とか
しょうらいは しあわせになりたい。とか
いつか しあわせをつかむ。とか
いつの日か、きっと しあわせになるんだ。とか
なんで そんな事思うねん?
なんで そんな事言うねん?
なんで そんなんやねん?
なんで そんなんやのん?

なんで
そんなんなのでしょうか?
なんで
そんなんだったりしますの?
あんたな
大きな まちがいを おかしとるで
大きな 思いちがいをしてる。
あのな
それを言うならば、
それを言うならばや、
こう言うべきや。
「今日中に しあわせになったる。」

三代目魚武濱田成夫（詩人）
詩「それをいうならば、」
詩集「俺は俺の実物である事の誇りを持って生きている」G.B.

一生の間に一人の人間でも
幸福にすることが出来れば
自分の幸福なのだ。

川端康成
『掌の小説』新潮文庫

人のために尽くす人生こそ、
価値ある人生だ。

アルベルト・アインシュタイン（ドイツの理論物理学者）

たくさん持っている人が豊かなのではなく、
たくさん与える人が豊かなのだ。

エーリッヒ・フロム（ドイツの社会心理学者・精神分析学者）

本当の死が見えないと本当の生も生きられない。
等身大の実物の生活をするためには、
等身大の実物の生死を感じる意識をたかめなくてはならない。
死は生の水準器のようなもの。
死は生のアリバイである。

藤原新也（写真家・文筆家・画家）
『メメント・モリ』三五館

自分が生まれてきたときより死に至るまで、
周囲の人が少しなりとも良くなれば、
それで生まれた甲斐があるというものだ。

新渡戸稲造（農学者・教育者）

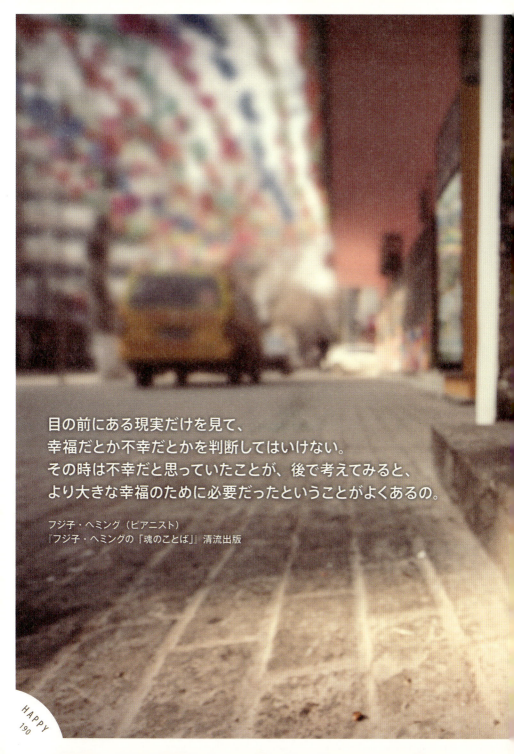

目の前にある現実だけを見て、
幸福だとか不幸だとかを判断してはいけない。
その時は不幸だと思っていたことが、後で考えてみると、
より大きな幸福のために必要だったということがよくあるの。

フジ子・ヘミング（ピアニスト）
『フジ子・ヘミングの「魂のことば」』清流出版

手放すほうが容易く思えるときでも、
大切なものは、決して手放してはならない。

ネイティブ・アメリカンのことわざ

一生の仕事を見出した人は、
他の幸福を探す必要はない。

トーマス・カーライル（イギリスの思想家・歴史家）

仕事が楽しみならば、人生は楽園だ。
仕事が義務ならば、人生は地獄だ。

マクシム・ゴーリキー（ロシアの作家）

どれだけたくさんのことをするかが問題なのではなく、
どれだけたくさんの愛をその行為にこめるかが大切なのです。

マザー・テレサ（カトリックの修道女・『神の愛の宣教者会』創立者）
『マザー・テレサ 日々の言葉』訳：いなますみかこ／女子パウロ会

最も身近な人を幸せにすることは最も難しいことであり、それ故に最も価値のあることである。

宇野千代（小説家）
『人生学校』集英社文庫

愛するということは、
おたがいに顔を見あうことではなくて、
いっしょに同じ方向を見ることだ

『人間の土地』著：サン・テクジュベリ　訳：堀口大學／新潮社

結婚は悲しみを半分に、喜びを2倍に、
そして生活費を4倍にする。

イギリスのことわざ